문학사랑시인선 60

장덕천 시집

오늘의문학사

사람이 詩다

장덕천 시집

발 행 일 | 2018년 5월 10일
지 은 이 | 장덕천
발 행 인 | 李憲錫
발 행 처 | 오늘의문학사
출판등록 | 제55호(1993년 6월 23일)
주 소 | 대전광역시 동구 대전로867번길 52(한밭오피스텔 401호)
전화번호 | (042)624-2980
팩시밀리 | (042)628-2983
전자우편 | hs2980@hanmail.net
다음카페 | cafe.daum.net/gljang 문학사랑 글짱들
다음카페 | cafe.daum.net/art-i-ma 아트매거진(아띠마)

공 급 처 | 한국출판협동조합
주문전화 | (070)7119-1752
팩시밀리 | (031)944-8234~6

ISBN 978-89-5669-908-0
값 15,000

* 이 도서의 국립중앙도서관 출판예정도서목록(CIP)은 서지정보유통지원시스템 홈페이지(http://seoji.nl.go.kr)와 국가자료공동목록시스템(http://www.nl.go.kr/kolisnet)에서 이용하실 수 있습니다. (CIP제어번호 : CIP2018012509)

| 머리말 |

산수기념 시집을 낸다.
여든 나이에 동호인과 지인들과
대화하는 것이라 생각하며
경험과 행동하는 솔직한 생각을 썼다.

그리고 박제천 선생님의 페이스북 말씀,
고정애 시인님이 메일로 보내주신 일역 시,
정태준 작곡가님께서 직접 건네주신 악보,
소중한 마음으로 기념시집에 옮겼다.

차례

1부 • 사랑은 간이역이다

2부 • 새도 날갯짓을 해야 뜬다

3부 • 대청호의 밤

4부 • 인연이 소중하다

1부

사랑은 간이역이다

무시공(無始空)

나무도 말을 먹고 자란다.

제초제에 상처 입은 정원의 소나무들
나무병원에서도 살리기 힘들다 한다.

"너의 말이 내 귀에 들린 대로
내가 너희에게 행하리라"
성경말씀 되새기며

너는 살 수 있어. 나는 너를 믿어.
링겔주사며 영양제를 주며 쓰다듬는다.

고맙습니다. 감사합니다. 덕분입니다
가슴으로 듣는 사랑의 소리들

속잎이 긴 생을 만들고 있다.
말속에 생명이 있다.

소나무(觀音)

정원의 나무들은 보살이다.
반송보살 해송보살 주목보살.
좌선하는 수행자의 삶이다
삼세의 번뇌도
취할 것도 버릴 것도 없는.
진여(眞如)심의 불변이다
긴 세월 나는 애송이 수행자.
소나무는 나에게 향을 준다.
마음처럼 보이지 않는 향을.

낙엽관음

세상이 끝나는 절망에도
*오유지족의
찬란한 모습이여.
버리고 떠나는 투명한 삶이여.

* 오유지족(吾唯知足) : 단풍나무는 단풍나무로 소나무는 소나무의 삶을 살 듯 남과 비교하지 않고 나 스스로 오직 만족함을 안다.

대문 앞 구절초 연정

가을이 오면 구절초는 늘
무슨 소리에 귀를 기울이고 있다
그가 누구를 기다리는 지
기다리는 사람이 생긴 나도
이제는 알 것 같다

가을이 오면 구절초는 늘
흰 눈을 크게 뜨고
먼 산모롱이 쪽을 바라보고 있다
나도 이제는 그 산모롱이에서
누가 올지 알 것만 같다

그 큰 눈에서 가득 향기를 뿜어내며
마음에 간직한 사랑
눈빛 마주하는 모든 것에 펴주는
구절초 가을
기다리던 사람 만나지 못해도
잎 지고 꽃 진 자리에는 늘
붉은 기운이 남아 있다

바람의 노래

그대는 고독한 방랑자

힘들 때 위로해주기를 바라지 않는
흔적에 얽매이지 않는
미래에 목매이지 않는
유유자적(悠悠自適)한

정유년 새아침 정원 숲에서
그대의 푸른 노래를 듣는다.

자석(磁石)

사랑이란 이름으로 서로를 받아들이는
일심동체는 자기희생이다

지혜와 성격이 밀고 당기는 감정을
인내와 배려로 삭히는 고독이다

사랑이란 이름으로 하늘을 품는 용서는
부부란 무엇인지 일러주는 덕목이다

앵무새 관음

– 산수를 맞으며

나이가 들면서 세월 값 때문에
세상을 끌어안지 않는 말은 가슴에 둔다.

나이가 들면서 철든 만큼 아는 줄 알았는데
배워야할 덕목이 봄 새싹처럼 가슴에 있다.

나이가 들면서 해라하는 말 대신
절제하고 배려하는 행동이 가슴 뛴다.

나이가 들면서 내 잘난 존심 보다
덕분이다 감사하다 말이 가슴 부푼다.

내가 내 인생을 만들어가는
끝없이 나를 변화시키는 가슴

앵무새는 자기 소리를 내지 않는다.

가을은

소유에서 자유로운 낙엽입니다

떠나는 뒷모습이 아름다운
빛깔에 당당한 축복입니다

세월을 아끼고 사랑한
곱게 물든 신념입니다

세상이 등지는 삶을 찾아가는
가슴 뜨거운 신앙입니다

참고 가꾼 만큼의
성숙한 겸손 입니다

소꿉장난

왜 사느냐고 묻지 마시게
살아있으니 일하는 재미로 사는 거지.
가시 박힌 나무에도 꽃은 피지 않은가

어떻게 사느냐고 묻지 마시게
하늘과 땅 모두가 더불어 사는
*우분트를 가슴에 새기며 살지.

산다는 것은
노숙하는 바람의 길로
지족(知足)하는 한판의 소꿉장난이지.

* 우분트(ubuntu) : 아프리카 반투족의 말로 우리가 함께 있기에 내가 있다는.

서해 꽃지 노을 1

먼 길 돌아
수평선으로 하루를 귀가하며
어둠을 더듬는 석양의 빛살이여
외로운 이의 가슴을 파는
*마리 앙투아네트의 붉은 색정이여.

* 마리 앙투아네트 : 세상에서 가장 화려하고 사치를 누린 프랑스 루이 16세 왕비

사랑은 간이역이다

노후가 되니
혈연의 사랑도 간이역이 된다.
완행열차로 오가는
사랑이 빈 화물칸에
3만 원에 사들인
한 살배기 검정강아지
스쿠터에 동승하는
운명 같은 사랑이다
종이 다른 늙은이와 애송이
봄 햇살 따스한 마당 잔디 위에서
가슴으로 품는 사랑의 촉수
일 년여 만에 양떼 몰이로 간다.
사랑은 간이역이다.

상사화

소유하지 않은 사랑은 아름답다
벌거숭이
사랑이 꽃으로 흔들린다.

사랑은
영원할 수 없는
순간의 단순한 금빛

사랑은
기다림의 꽃으로
그리울 때가 더 아름답다

단풍 문신

노랗고 붉은 문신의 단풍을 본다.
차가운 고독과
가을밤 시로 읽는 달빛
황홀한 감동의 *여간생논문서.

저절로 새겨지는 문신은 없다.

* 輿干生論文書 : 명나라 원황(袁黃 1533-1606)이 간생에게 주는 문장에 대해 논한 글 좋은 글을 쓰기위해 갖추어야할 5가지(作文五法)

입동

무서리 내리면 아내는 김장을 담근다.
손맛이 진리 같아 김장 맛도 정직하다

배추는 소금에 온몸을 절여도 배추 맛
고추는 몸이 가루가 되어도 고추 맛
마늘은 몸이 으깨져도 마늘 맛
생강은 몸이 몇 동강이 나도 생강 맛
양파는 껍질을 벗겨도 양파 맛
새우는 몸이 곰삭아도 새우 맛
자기 고유의 색깔과 맛을 고집하지만
김치란 새로운 맛의 탄생을 위해
본질이 혼합으로 버무려 지면
오케스트라의 화음처럼
서로 맞추며 좋은 맛으로 숙성된다,
아내의 *단심이 맛으로 탄생된다.

세상인심도 김장 맛이었으면 좋겠다.

* 단심(丹心) : 속에서 우러나오는 정성스러운 마음

세상 말

들어서 아는 것은 아는 게 아니다
경험과 확인에서 아는 것이 아는 것이다

* 공자 왈 : 여러 사람이 그를 미워하더라도 반드시 살펴보고 여러 사람이 그를 좋아하더라도 반드시 살펴보아야 한다.

* 2016. 10. 대한민국이 3류 논픽션 연극에 혼이 빠졌다.

심여수(心如水)

밤낮 낮은 소리의 대청호 물결
영혼 깊이 스며드는 *노자의 물
언제부턴가 내 마음 물빛 든다.

* 노자의(老子)의 물 : 인간수양(人間修養)의 근본물이 가진 일곱 가지의 덕목(水有 七德) 낮은 곳을 찾아 흐르는…謙遜(겸손) 막히면 돌아갈 줄 아는…智慧(지혜) 구정물도 받아주는…包容力(포용력) 어떤 그릇에나 담기는…融通性(융통성) 바위도 뚫는 끈기와…忍耐(인내) 장엄한 폭포처럼 투신하는…勇氣(용기) 유유히 흘러 바다를 이루는…大義(대의)

무소유

어느 스님의 무소유란 글을
가슴에 새기며 더 열심히 일을 했다.
더불어 살아가는 삶에는
가진 만큼 얽매인 고통보다
필요에 부족한 고통이 더 컸다
노년의 재화는 품위를 지킨다.
탐욕이 영혼을 탁하게 만들뿐.

황혼을 볼 수 있는 눈은
온 우주를 다 소유한 무소유다.

인생 가을에서

팔십년 얼굴에 주름이 없느니
10년은 젊어 보이느니 한다.

낯이 추(醜)해도 누구에게라도
필요한 사람이 되려고 한다.

하늘이 내려앉은 삶의 남루에
일일신, 우 일신 배움이 있는.

내 일은 내 스스로 해결하는.
측은지심에 주름이 없나?

늙었다는 말이란 것을 안다
늙어가는 법을 배울 뿐이다.

햇빛도 초점을 모으면 불꽃이 핀다

운명도 개척하면 새로운 탄생이 된다.
훨훨 날던 지천명의 하늘 길에
날개 꺾인 길 잃은 운명
어둠에 덮인 희망에서
영혼이 찾은 시의 길

시련을 받아들이며
시계 너머 우주의 숨들로
한 세상 한세월 걸어가는
시간의 감동을 언어로 엮어
시의 세계에 바치는 일
새로운 운명의 탄생이다.
햇빛도 초점을 모으면 불꽃이 핀다.

풍경은 바람이 불어야 소리가 난다

팔십 넘은 할머니 호박전 김치 싸들고
마흔셋 루게릭병 아들 데리고 왔네.
바람벽에라도 기대보고 싶은
세상을 웃고 사는 비결이 뭐냐고 묻네.

침묵은 울부짖는 바다였네.
마음은 파도에 밀려 흔들리고
눈은 눈물의 등대가 되네.
절망이 침묵에 젖을 때
마음은 난파선의 한 조각이었네.

천명을 겸허하게 받아들이세요.
죽음을 슬프게 하지마세요.
몸이 할 수 있는 일을 즐기세요.
지금 살아있음에 감사 하세요
내가 할 수 있는 말

풍경은 바람이 불어야 소리가 난다.

말 운명보감

생각하고 말하는 대로 운명도 따라 간다
행운은 갈고 다듬은 말의 선택 때문이다

무위진인(無位眞人)

- 허수아비

훠이 훠이 쫓아버린 새들아
내 뜻이 아니고 위치 때문인 것을
세상은 네가 느끼고 본 것만이 아니다
지나간 일들 짹짹거리지 마라
국화는 목을 꺾는 손길에도 향을 준다.
삶의 고삐에는 인연의 굴레가 있다.
세상은 하지하책이 주인이 되고
上之上策이 허수아비다.

꽃길

자연과 더불어 꽃에 물들며
글들이 하루하루 단백질이 된다.

남녀노소 빈부귀천 가리지 않고
생각이 꽃인 사람과 쉽게 친구가 된다.

컴퓨터며 스쿠터와 외로움 나누며
혼자의 일상이 꽃이고 감사다.

살아가는 길은 거기가 거기
내가 꽃이면 세상은 꽃길이다.

사랑은 거리를 둔다

이원에서 단감 묘목을 구입했다,
흙을 부드럽게
물과 거름주기에 정성을
연약한 몸체에 버팀목을
혹한에는 짚으로 감싸 준다
사랑한 세월이 자라면
삶의 짐을 넘긴다.

너는 너대로 나는 나대로
가야 할 길로 가지를 뻗으며
웃자라는 탐욕만 잘라준다

자기를 아는 나이가 되면
서로가 주착(做錯) 거리지 않는
사랑은 거리를 둔다.

2부

새도 날갯짓을 해야 뜬다

산새

푸른 숲만 보고 가세요.
속속들이 들여다보지 마세요.
푸름 속에는 썩는 허물도 있거든요

사람이 詩다

시의 법당에는 사람도 시가 된다.
주산동 연꽃마을은 시어들의 법당이다.
수련 백련 굴참나무 장미 풀벌레
L. J. B. O. 원로 시인
입과 입으로 비벼대는 시어들
시간이 감동으로 놀다가는
야단법석 시의 화엄이 된다.
삶이란 생각하는 만큼 살아가는 거
시를 많이 읽다보면 시를 닮아간다
먹을 가까이하면 검어지듯.
시의 법당에는 사람도 시가 된다.
하늘과 땅 사람이 시다.

모란꽃 사랑

모란꽃 볼에
가랑비
방울방울
눈물처럼 맺힌다.
화사한 봄 정원의 부귀영화에
하늘도 우는 슬픔이 있다.

위엄과 품위의 생애에도
사랑에는 비에 젖는 슬픔이 있구나.

설중매

너에게 절대 유혹되지 않으리.
너의 가슴은 절벽
결코 무릎 끓고 기어오르지 않으리.
너의 사랑은 나의 무덤
눈물을 보이지마라
봄빛 시린 이 가슴 너는 모르리.

하루를 즐거운 날로

최고속도 15키로의 스쿠터를 타고
눈이나 마음이 끌리는 들꽃을 만나면
잎이며 줄기 꽃대 뿌리 흙 공기
햇살 천둥이며 꽃이 가지고 있는
이미지를 마음에 담아온다
빛깔을 입히고 영혼을 섞어
기승전결에 맞추고 행과 연으로 나누며
감정을 접어 컴퓨터에 심는다.
아무도 쳐다보지 않는
홀로 지쳐 지는 꽃이지만
슬픔 외로움에 끝없는 사랑을
가꾸며 다듬는
하루가 극락이다.

사언행위(思言行爲)

정직하게 살자 솔직하게 살자
습관의 눈으로 세상을 보았다.

불평하지 말자 감사로 살자
사랑의 눈으로 세상을 보았다.

생각하며 살자 행동으로 살자
성실의 눈으로 세상을 보았다.

효도로 살자 우애로 살자
본질의 눈으로 세상을 보았다.

공자님도 다스리지 못하는
뒤집히는 세상 내다보며

눈을 세우고 싶다.
마음을 눕히고 싶다.

연은 역풍에서 솟아오른다

나는 장애와 위선과 한 몸으로 산다.
장애는 세상을 면벽참선하며
삶을 가두고 홀대하며
영혼을 닦는 글을 쓰게 한다.

위선은 본질인 역겨운 냄새로
사람의 탈을 쓰고, 의지하는 삶을
숨죽여 우는 본질을 생각게 한다.
세상은 모른다.
장애가 시가 되고 위선이 인생이 된 까닭을.

연은 역풍에서 솟아오른다.

내게만 일어나는 일

식은땀에 젖은 새벽꿈이 눈을 비빈다.
무명의 세상에
창밖 달빛도 생이 흐리다

산을 오르고 물위를 걷는
구만리 붕새였다가
가시나무새 꿈이 사라졌다.

구름을 날개 삼아
바람을 지팡이 삼아
천지를 걷는 꿈을 꿨다.

되돌릴 수 없는
허상의 날개가 뒤척인다.
가끔 하룻밤 꿈속 붕새가 된다.

농사

파리의 루브르박물관에서
농민화가 *밀레를 만났다
하루의 노동에
감사 사랑 기도를 만났다.

인생은 농사다
인생 황혼 밭에
글 농사를 짓는다.
내면의 실상이 위장되지 않은
영혼의 글밭 갈고 닦아
안젤루스 같은 시 한편 농사하고 싶다.

* Jean Francois Millet 1814 - 1875 : 1857년부터 3년 동안 틈틈이 그려 완성한 56X66cm 해가 질 무렵 멀리 교회에서는 저녁을 알리는 삼종이 울리고 땀 흘려 열심히 일한 하루의 일과를 감사 기도로 마치는 두 부부의 그림인 만종은 전원 생활의 여유로운 모습을 보여주고 있다 장프랑수아 밀레는 프랑스의 화가로, 바르비종파의 창립자들 중 한 사람이다.
그는 어린 시절부터 농부들의 삶을 관찰하며 자라났기 때문에 '이삭 줍기', '만종', '씨 뿌리는 사람' 등 농부들의 일상을 그린 작품으로 유명하며, 사실주의 혹은 자연주의화가라 불리고 있다. 그는 데생과 동판화에도 뛰어나 많은 걸작품을 남겼다. 1848년 그려진 '곡식을 키질하는 사람'(The Winnower)는 정부가 직접 구입하기도 했다.
그의 노년기는 상업적인 큰 성공과 공식적인 명성의 정점으로 평가되었으나, 밀레는 건강이 악화되어 정부에서 의뢰했던 작업을 더 이상 진행할 수가 없었다. 1875년 1월 20일에 빈곤하였을 때 얻은 결핵이 원인이 되어 61세로 숨을 거두었다.

태풍

생각과 생각이 부딪칠 때
감정의 유연함이 흔들렸다.

탐욕의 태풍에 부딪힐 때
인내는 발가벗고 있었다.

남은 것은 뿌리까지 상처
복구하기에 세월이 짧은 아픔

형님 먼저, 아우 먼저

하늘을 보고 땅을 보고
지혜로 지우고 시간이 놓아줍니다.

낙화

지는 꽃은 작은 바람도 눈물져요
사랑이 잠들면 불평이 꿈인가요?

환경은 그대와 나의 생각을 다르게 지배하고.
과거는 현재를 붙잡을 수 없어요.

일개미로 삶을 꾸리는 일에
사는 맛의 틈을 탓하시나요?

이제 와서 어떡하라고
지는 꽃은 변명도 향기도 없지요

맑았던 하루가 밤이 비에 젖네요.
나는 향기 때문에 존재합니다.

회자정리(會者定離)

내 인생 시계는 몇 시인지
삶의 동행으로 맺은 인연들.
혈연이며 책이며 음악용품이며
*멸정을 한다.
시간은 빠르다
*(시간의 속도는 관찰자에 따라 상대적이다)
나는 누구인지
생의 역사는 출렁거리고
맑게 비우지 못한 허름한 마음
외로움보다 가까운 게 지갑뿐이네.

지갑이 웃으면 세상이 함께 하고
지갑이 울면 세상은 혼자가 되네.

* 멸정 : 정든 사람. 정든 물건으로부터 정을 떼는
* 아인슈타인 상대성이론에서

하심(下心)

– *고산사에서

살아오면서
저지른 실수
상처 되는 말
하루만이라도 하심으로 살고 싶다.

마음을 바닥에 내려놓는다.
바람보살 햇살보살 나무보살
법당엔 석가모니 부처
나는 아직도 무명의 중생
하루만이라도 부처님 향으로 살고 싶다.

열매는 저절로 익지 않는다.

* 고산사 : 대전시 동구 식장산 천년조계종사찰

안방 난초

나이 삼십에 첫사랑을 만났다.
햇살과 물만 주면 되는 줄 알았다.
칠푼이 사랑으로
여여(如如)하게
들 꽃 참 꽃
비교하지 않았다
향수를 바르지 않은 소박한 사랑
3퍼센트의 소금이
바다의 짠물이 되듯.
우리들의 사랑은
소크라테스 철학이 되었다.

오월의 오르가슴

푸른빛들이 나무며 숲에 토해내는 시를 보며
하늘과 땅이 오르가슴을 즐긴다.

연초록 감동에 물든 들과 산에 오월은
풋 살 냄새 오르가슴에 흠뻑 젖어있다.

내 영혼의 오르가슴 클라이맥스는
연초록 시어 만나 찻잔이 된다.

회양목 연가(戀歌)

초록빛 이별을 하자
하늘 냄새 땅 냄새 늘 파랗던 너와 나

어느 곳에 머물든 세상은 우리 것
무상은 영원한 소유가 아니다.

돌 사이나 나무와 나무 사이에서도
*상선약수처럼 정원을 꾸며주던.

영원한 우정도
완벽한 사랑도 없다.

* 2016. 2. 18 : 20여년 기른 회양목 12그루 이웃에 딸 시집보내는 마음으로 나누어 준다. "상선약수(上善若水)=노자(老子)의 도덕경(道德經)에 가장 위대한 선은 물과 같다."라는 말. 물은 만물을 이롭게 하면서도 다투지 않으며 뭇 사람들이 싫어하는 곳에 처한다.

*사가지 공(空)놀이 세상

세상은 요지경난중
사가지 공(空)놀이나 하자.

흔들리는 세상이면
오가지 공놀이나 하자.

세월은 영혼을 살찌우며 늙는 거
내 방식대로 늙어 사는 공놀이 춤.

싸가지가 그리운 세상
내가 슬픈 것은 나를 꾸짖는 스승이 없다.

* 사가지(싸가지) : 인(仁) - 측은지심(惻隱之心), 의(義) - 수오지심(羞惡之心), 예(禮) - 사양지심(辭讓之心), 지(智)는 시비지심(是非之心) 오상(오가지)-인 의 예 지 신(信)

각(覺)

마음은 얼굴에 있다.

보이는 것은 보이지 않는 것으로부터 온다.

순리

피고 지는 것은 기다리지 않아도 온다.
몸과 마음도 하나이면서 따로 늙는
지족은 맑고 푸른 지혜의 주인이다.

사(思)

정원의 내 나이 또래 해송
생의 쓴맛 단맛 누덕누덕
피부에 검은 껍데기로 두르고
가지는 젊음을 희롱한다.
그 기풍과 짙은 향기는
세월이 흐를수록
나이 값을 대접받는다.

해송을 바라보는 나는
검버섯에 쭈글쭈글한 피부
희로애락에 백발이 되어
향기 없는 세월이 흐를수록
나이 값에 등을 돌린다.

알거 같다
해송은 비의 눈물과 햇살웃음 값
나는 어리석은 탐 진 치 값이란 것을.
나무와 나는 통하지 않는 언어가 있다.

百感 不如一覺

- 늙은 내 삶에는

사랑하는 사람보다
필요한 사람이 좋다

나를 칭찬해주는 사람보다
마음 편안한 사람이 좋다

소중한 사람보다
대화의 상대가 되는 사람이 좋다

편협한 지식인보다
지덕예의 교양인이 좋다.

실상 없는 시비는 헛 것
백감이 불여일각 이다.

민들레

낮은 삶에는 청문회가 없다.
하늘에 오르는 집착에 기웃대지 않는다.
슬플 때 함께 울어주는 비의 눈물
기쁠 때 춤을 추는 나비의 날갯짓
한세상 고운 마음으로
풀풀 거리 꽃을 피운다.
삶이 풋풋한 것은
버리지 않는 이상이 있다.
꽃씨의 지혜는 바람을 따른다.

새도 날갯짓을 해야 뜬다

산수(傘壽)의 삶도
생각을 바꾸면 아름다움이 된다.
개구리 못질로 살아오며 무심했던
꽃과 나무, 풀벌레의 한 들어주는
새로운 감성의 삶이 있다.
사색과 곱게 늙는 세상을 배우는
컴퓨터와 독서의 삶도 있다.
배우며 쓰는 글의 삶도 있다.

새도 날갯짓을 해야 뜬다.

백련

나를 키워 온 것은
환경의 열등의식이다
곧고 강한 정신은 고통이 만들었다.

할미꽃

삶이 겸손이다
겸손은 늙어서도 꽃이다.

나는 할미꽃을 좋아한다.

감나무 경

정원 모서리 늙은 월하 감나무
늦가을 홍시 몇 개 매달고 있다.
쓰러지거나 베어질 몸뚱이
햇살이며 비와 바람으로 농익은
까치밥 매달고 있다.
가진 것 다 보시를 한다.
감나무 부처님이시다

3부

대청호의 밤

주목

마음이 흔들릴 땐 주목을 본다.
크고 작은 바람에도
흔들리지 않는 중심
숲의 이변(離邊)에서
자연의 일부로 약해보이듯 강하다.
산다는 게 무언지 답이 없을 때
"*눈과 귀와 생각을 안으로 거두어들이며
되지도 않는 말의 장난에서 입 다물고"
주목은 나에게
마음을 바로 세워 중심을 잡는다.
얼마나 흔들리는 세월을 참고 있을까.
언제부턴가 주목이 친구가 된다.

* 법정스님의 '물 흐르고 꽃 피어난다' 에서

애기똥풀

하찮은 생이지만 아무렇게나
마지못해 살지 않는다.
밑바닥이 슬프고 힘든 삶일지라도
생은 소중하고 아름다운 거
줄기줄기 힘줄마다 노란 꽃물 채워
가시덤불 세상에 꽃을 피운다.
나는 내 삶을 살아간다.

장미 관음

너는 세상에 쓸모없는 가시나무
스스로 아파하지 않는 구나
가시의 고통에도 꽃을 피우는
너의 푸른 꿈이
하늘과 땅이 푸른 오월이구나.
세상은 너에게만 고통을 주지 않지
봄꽃보다 황홀한 고독의 장미여
뿌린 대로 거두는 삶이구나.

기천불

초년에는
장로교회 목사님 말씀과
성경으로 성장했고

중년 들어
삶과 신앙과 거래를 하며
이성은 무겁게 정신을 끌고 다녔다.

노년이 되면서
고집멸도의 길로
삼보(佛法僧)를 가까이하고 있다.

나의 종교는 기(독교) 천(주교) 불(교)
용서하는 용기를 주었다.
사랑과 자비심을 주었다.

낙엽 아미타불

삶다운 살 곳을 찾아보겠다고
*寂念으로 길 떠나는 늦가을 부처님

* 적념(寂念)〔정념〕: 번뇌를 벗어나 몸과 마음이 흔들림 없이 매우 고요한 생각

백련 무상

아무것도 기대하지 않는다.
사랑도 받으려 하지 않는다.
세상의 눈초리에서
스스로 추방자가 된다.
아침 이슬 같은 생보다
더 좋은 것을 바라지 않는다.

사랑도 슬픔도
인연으로 잠시 맺은 무상(無常)이다.

떠돌이

내 청춘은 그대 안에 있었다.
그대는 근 검의 애인이고
배움의 친구이고 식권이다.
삶을 쥐었다 폈다 하며
선에는 보시고 악에는 법이다
그대는 정직한
땀의 지혜를 따른다.
노동 없는 일확천금의
*전도몽상은 그대의 하인이요
성실한 노동은 그대의 주인이 되는 것을

돈이란 인생에 무거운
진실을 침묵하며
노년의 운명을 가지고 논다.
노년의 큰소리는 지갑 소리뿐이다.

* 전도몽상(顚倒夢想) : 전도(顚倒)는 모든 사물을 바르게 보지 못하고 거꾸로 보는 것. 몽상(夢想)은 헛된 꿈을 꾸고 있으면서도 그것이 꿈인 줄을 모르고 현실로 착각하고 있는 것. (돈은 사람을 위해 존재하는데 너무 집착하면 돈의 노예가 된다.)

살맛

동구 주산동 연꽃마을에는
풀꽃마다 글을 읽는 집이 있어요.
햇살이 비칠 때마다 새소리를 내는 장독이 있어요.
메주와 소금물로 배를 가득 채우고
붉은 고추 몇 개와 참숯을 띄우면
꽃과 밤을 새우며 도란도란 살아온 이야기를 곰삭이다가
햇살에 눈부셔 새소리로 하품을 하는 장독이 있어요.
장독 뚜껑을 열고 햇콩처럼 눈부신 웃음으로
장독 식구들 문안하는 여치가 있어요.
푸른 하늘 아장이는 바람의 숨결이 있어요.
젖가슴 비벼대는 들꽃이 있어요.
손끝으로 맑은 영혼을 풀어내는 장독들의 시가 있어요.
입춘 지나
겸손한 햇살이 숨결 푸르게 달려오면
새소리 들으며 곰삭은 장맛,
맛으로 삭힌 세월의 시(詩) 맛,
햇살과 함께 온 세상에 나누어주는 살맛이 있어요.

청산별곡 1

오십여 년 만에 고향 고산사를 찾았다
대웅전의 내공은 천 년을 지키는데
사람의 세월은 오늘을 사는 생각이다.

조상님 제례(祭禮)를 절에 모시기로 했다.
기제사며 추석과 설 차례를,
어머님이 간절히 무엇을 기도 하셨던 곳.
죽음은 늙음을 편히 쉬게 한다.

팔십년 세월의 무상이
생각하며 사는 삶과
사는 삶이 생각이 되는
초가을 햇살이 변화에 혼란스럽다.

부담을 주시지 않는.
그래 잘했다. 그리운 부모님 음성
절 마당 긴 세월의 하늘이 슬프다.

*수불석권(手不釋卷)

오십이 넘어 2-3년 마다 책을 냈다.
주위에 감춰놓은 감정을
루게릭이라는 병의 저주가 글로 쓰게 했다.
절망과 고통에서 벗어나는 처방전이었다.
20년 경험의 저서 상인
자연과 배우며 즐기며 쓰는
글이 마음이 되고 인생이 되는
수불석권의 일상이 시가 되었다.
글쓰기는 영혼의 둥지에
부화되는 생의 날갯짓이었다

* 手不釋卷 : 손에서 책을 놓지 않는다.

시늉

까치가 굴참나무 가지 위에
주둥이가 헐도록 삭정이와 풀을
물어 둥지를 완벽하게 짓는다.
제 몸의 털도 뽑아 바닥을 깔고
암수가 다정하게 새끼를 기르며
인연을 소중하게 함께 한다
새끼가 자라고 찬기가 드니
미련 없이 비우고 떠난다.
일할 때와 사랑할 때와 비울 때를 안다.

까치들이 요즘 깍 깍 깍 센 소리로
정원나무 위에서나 지붕 위를 돌며
수시로 나를 조롱한다.
이 꼴에 아직도 비우지 못한
애집(愛執)을 보는가보다.
깨닫는 시늉이라도 해야겠다.

청산별곡 2

나이에 세월이 더하기를 하면
팔만사천법문이며 번뇌에서
시간도 한 발짝 쉬어가고
귀도 입도 생각을 한다.

나이에 세월이 더하기를 하면
탐 진 치의 삼악이
바람이 되고 구름이 되고
희로애락이 빼기를 한다.

나이 팔십이 되어서야
인생을 조금 안다고 세상을 조금 안다고.
무엇이 옳고 무엇이 그른 건지
이파리 하나도 해로 보면 초록빛
달로 보면 은빛이다.

고중유락(苦中有樂)

일초 일분 생각이
사명감으로 익어온 나이

울퉁불퉁 자갈길의 역경에서
존재와 영혼이 성숙된 나이

십 수 년 고행에서
대나무 꽃이 되는 나이

청산별곡 3

– *세월부대인

늙지 않고 가는 세월 어디 있나
병들지 않고 죽는 목숨 어디 있나
고독 없이 늙는 삶 어디 있나
젊음이여
늙고 병들고 죽지 않는 삶 어디 있나.

* 歲月不待人 : 송나라 도연명의 잡시에서 (세월은 사람을 기다려주지 않는다)

물 화엄

월 수 금요일은 홀랑 벗고 물과 만난다.
교통사고 후 삼십여 년 계속된다.
물의 혈관이 내 혈관의 흐름을 도와준다.
근육이며 관절이며 마음까지 이완시켜준다.
한 몸으로 다가오는 물

물의 부드럽고 강한 힘은
하늘이 되고 땅이 되고
생명을 낳고 젖줄이 된다.
물에 풍덩 안긴 나도
언젠가 물이 되고 흙이 된다.
물과 나 삶과 죽음이 하나의 길이다.

울타리

내가 머무는 곳엔 울타리가 없다
감출 것도 지킬 것도 없으니
대문도 알 없는 안경이다.
내 중심적 생각을 가두지 않는.
자연과 자유로운 공생
아무것도 걸림이 없으니
길손이며 이웃이 가까이 오고
마음과 마음의 벽이 자유가 된다.
아집의 감옥에서 울타리가 없는
인생의 그루터기에서
비어 있는 듯 살아가는
잃는 것이 없으면 얻는 것도 없다.

소리의 유령

충남 대덕군 산내면 대성리 82번지
할아버지 할머니 아버지 어머니
형님 누나 동생 어우렁더우렁 모여 살던
가마솥 굴뚝의 저녁연기는?
담을 넘는 반딧불이 어둠 놀이는?
무더위를 등목 하던 개울물은?
새끼 꼬며 이엉 엮던 초가집 가을은?
문풍지를 울려주던 겨울바람은?
세월의 강물에 애수로 젖어있다.

초대하는 이 없어도 가고 싶은.
올망졸망 옛이야기 숨겨둔.
시대의 죄인이 된 동네인가?
앞집 옆집 개발의 포승줄로 묶여
아파트 신축분양 현수막 아래에서
덤프트럭 순서를 기다리는 이별
빈부 차별 없이 어디로 가는구나.
내 어린 멍석 위 달빛은?
작은 소망의 푸른 꿈은?

존재의 뿌리가
대전시 동구 대성동으로 바뀌고
꿍꽝 꿍꽝 우당탕 포크레인 굉음에
고향이 허물어지고 있다.
눈을 뜨고 어쩔 수 없이
세월의 코뚜레에 끌려가는 소리의 유령들이여.

지족상락(知足常樂)

황혼은 생에 아름다움의 극치다
취미에 투자하는 시간이 부자
정해지지 않는 분수에 부자
행동거지 처세에 부자
마음을 나누는 자연이 부자

용서를 가르쳐준
경험을 축적해준
병마를 끌어안는
외로움을 명상하는
주위의 탈을 벗는

가을 들판에서 극락을 보는
생은 지족상락이다.

불립문자(不立文字)

나의 멘토는 책이었다.
일생 책과 함께 지낸 것은
읽는 즐거움보다 습관이었다.
외국인과는 외국말이 필요하고.
대인관계는 처세가 필요하고.
직업에는 전문 지식이 필요하고.
삶의 길에는 멘토가 필요했다.

책을 왜 읽나?
성경을 경전을 철학을 고전을
내 삶으로 받아들일 때
영혼과 행동으로 옮겨질 때

얽매는 자유가 습관적이다.

대청호의 밤

호수는 하루에도 몇 번이고 리모델링을 한다.
눈앞에 하늘 하나 옮겨 놓고
나지막한 산도 하나 심어 놓는다.
푸른 물소리 내는 새는 굴참나무에 얹어 놓고
고요 속에 그림자를 그려 넣는다.
거꾸로 무너져 내리는 세상의 꿈을
알몸으로 얼싸안는다.
순하고 정직한 물의 나라
뜻대로 살지 못한 단단한 어둠을 풀어내며
투명한 물살로 파랗게 출렁인다.
밤이면 가슴 가득 사랑으로 품었던 달빛이며 별빛
새벽 안개눈물로 물빛 가득 칠한다.
우리는 살아오면서 몇 번이나
마음의 집을 리모델링 하나

바람에 고요의 생각이 흔들리고 있다.

노목(老木)

모두 나보다 잘났다.
양초는 자기 몸을 태워 어둠을 밝히지만
속으로 흘리는 눈물은 재가 되어야 멈춘다.
사람의 눈은 겉모습만 본다.
나는 시의 마음으로 꽉 찬 나를 사랑한다.
우리는 아무도 모르는 세월을 따라갈 뿐이다.

요양원에서

치매에 끌려온 삶은 탈출구가 없다
치매는 살아야할 이유를 주지 않는다.

존재에 시련의 침묵
깡마른 행복이 우울하다.

쪼글쪼글해진 기쁨과 슬픔
세상을 잃어버린
꾀죄죄한 세월
창문으로 들어온 햇살이 외롭다

사과 한 쪽 간식에 허허 히히
오욕 칠정도 내려놓고
사랑도 그리움도 정신에서 잃어버린
세상이 비껴난 할머니를 본다.

동백꽃

지금 내가 세상에서 지워진다면
슬픈 눈물을 몇이나 흘릴까.

사랑이 포승에 묶인 듯 빼근하며
시간은 효소로 부풀은 찐빵 같고

밤이면 찬 기침 목청으로 캑캑 울고
푹 쉬는 자유조차 나에게는 없다.

나의 천직은 꽃을 피워내는 일
웃음으로 생을 붉게 마치는 일이다.

아리랑(我理朗)

무너진 반쪽 생을 시가 이끌었다.
사는 것이 웃음이었다가
까닭 없는 눈물이었다가
늙음이 낡음에 가까워 온다.
자연과 한 몸 되어 즐거움이 촉촉할 때
글과 물러설 때가 되었다.
농익어 떨어지는 과일이 더 향기롭고.
상처 입은 향기가 더 달다는데.
약 없는 병이기에 건강걱정도 없었다.
퇴고하듯 놓을 생이 되었다.

4부

인연이 소중하다

◇ 장덕천 시, 정태준 작곡 《한계령에서》

한계령에서

장덕천 詩
정태준 作曲

MM = 66

mp

그

대 가 나를 한 마리 새로 태어 나 게 할 수 있 다 면

mf

때

mp
묻 은세속을벗어 던지 - 고 그 대 품 으 로 날아
MM =60 mf
가 고싶 - 다 안 개 속 에숨어있는 봉 우 리와 차 츰

f
안 개를 벗기는 햇살 절벽 위 나무들 의 박수소
mp
리 - 와 바람에 속 마 음 까지 내어주 는 숲 새소

MM = 66
mf
리 여 유 있 는 시 간 의 명 상 파 란 하 늘 의 살 결
f
에 깃 털 이 고 싶 - 다 땅 과 하 늘 이 피 고

mp
f
rit
mf
지 - 며 어둠이 사이와 사이의 경계를 허 물 어 - 도 영 원
8va
a tempo
f
의 날 개 를 펴 - 고 싶 - 다 영 원

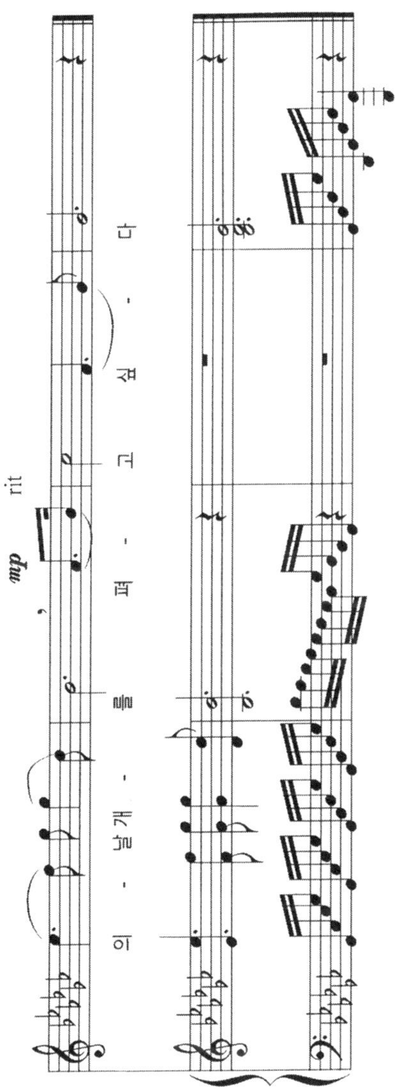
mp
rit
이 - 날개 - 를 펴 - 고 살 - 다

餘生之樂

– 日譯 高貞愛

私は從心の學生だ
世渡りに習うべき徳目があまりに多い
讀書から自然からそしてコンピュータから
解くべき生らしい生の問題を
キーボードの符號でぐいぐい押えて聞けば
先生の黑板のように十七インチ畵面に
答えがするすると解け出てくる
退屈な日には
時間と障碍にとらわれずに
知人と詩や樂しみをやり取りする
世界の神秘な景色や文化, 遺跡地
孤獨な知恵のガイドの役割もしてくれる。
歳月が積んだ品格を年の觀念が崩す時
學びは
十分な河心の世に出會う。
生の價値は乾いた花でも
靈は心の勉强をする樂しみにある
難しいのは
絶えず復習をしても大人らしく生きる問題だ。

여생지락(餘生之樂)

나는 종심(從心)의 학생이다
처세에 배워야 할 덕목이 너무 많다
독서에서 자연에서 그리고 컴퓨터에서
풀어야 할 삶다운 삶의 문제를
자판기 부호로 꾹꾹 눌러 물으면
선생님의 칠판처럼 17인치 화면에
해답이 술술 풀려나온다
따분한 일정에는
시간과 장애가 구속되지 않고
지인과 시와 즐거움 주고받는
지구촌 신비의 풍광이며 문화며 유적지들
고독한 지혜의 가이드 역할도 해준다.
세월이 쌓은 품격을 나이의 관념이 허물 때
배움은
넉넉한 하심의 세상을 만난다.
삶의 가치는 마른 꽃이라도
영혼은 마음 공부하는 즐거움에 있다
난해한 것은
늘 복습을 해도 어른으로 사는 문제다.

* 장덕천의 「여생지락」 은 정영숙의 작품에 비해 솔직하고 담백하다. 남은 인생의 즐거움이란 것이 컴퓨터 자판기를 두드리며 앉아서 필요한 정보를 얻고 가까운 지인과 시에 대한 이야기를 하고 학생처럼 산다는 내용의 시다. 끝의 연 "난해한 것은/ 늘 복습해도 어른으로 사는 문제다."가 이 시의 핵심으로 이 시인을 알고 있는 나에게 남다른 공감을 준다. 알다시피 장덕천 시인은 대전 근교에 살고 있는 혼자서는 기동하기 어려워 다른 사람의 도움을 받아야 되는 몸이 불편한 시인이다. 자연히 컴퓨터가 삶의 큰 부분을 차지하였으리라.

나는 이 시인을 볼 때마다 늘 가진 마음씨며 말투며 순진무구한 느낌을 받았는데 그것이 잘 드러난 시가 「여생지락」 이라 보고 싶다. 시가 치유의 한 방편으로 대학에서도 교과목으로 가르치게 된 오늘날이기도 하지만 나는 장덕천 시인을 볼 때마다 그가 불편한 몸을 이끌고도 나름 즐겁게 건강을 유지하고 사는 것은 시가 있기 때문이라고 확신한다. 가령 그의 시가 앞의 정영숙 시인처럼 견고성을 띠고 복잡하다면 생활의 패턴이 달라졌을 것이라는 생각이다. 단순하면서 솔직한 장덕천의 시는 그런 의미에서 생활의 한 지혜에서 터득된 나름의 시맛을 지닌다 하겠다.

* 문학아카데미와 계간 〔문학과창작〕이 제정한 〈시인들이 뽑는 시인상〉 심사위원회(고창수 강우식 박제천 김여정)는 2015년 시인들이 뽑는 시인상 수상자로 장덕천 시인의 「여생지락」 외 1편을 수상작으로 선정하였다.

蓮華の村　蓮華の詩

蓮華を見て詩を書いた
蓮華の詩を書きながら
ハスと親しくなって近寄った
いつからか　わたしの心に
浄くなった
ハスの色が染みて
ハスの芽が育って
白くて黄色く　赤い花が咲き始めた

今ようやく　知るようになった
人々が　わたしを尋ねるのではなく
わたしの心のハスを　見にくるということを。

연꽃마을 연꽃시

연꽃을 보며 시를 썼다

연꽃 시를 쓰면서
연과 정이 들고 가까워졌다
언제부턴가 내 마음에 정화된
연 물이 들고
연 싹이 자라나고
하얗고 노랗고 붉은 꽃이 피어났다

이제야 알 것 같다
사람들이 나를 좋아 찾는 것이 아니라
내 마음의 연을 보러 온다는 것을.

* 이 작품은 시인과 연꽃의 관계를 한눈에 보여준다. 연꽃을 보며 시를 쓰던 시인이 연꽃과 정이 들자, 마음 속에서도 연꽃이 피어난다는 자연과의 교감이다. 짧은 작품이면서도 기승전결을 다 갖추었고, 이미지 역시 또렷하다. "연 물이 들고/ 연 싹이 자라고/ 하얗고 노랗고 붉은 꽃이 피어나"는 과정을 마치 슬로비디오처럼 한눈에 다 보여준다. 군더더기 하나 없이 담백하지만 시인의 마음이 연꽃으로 바뀌듯 읽는이의 마음에도 연 물이 들고 연 싹이 자라고 꽃이 피어나게 만드는 직절함이 묘미라 할 수 있다. 흔히들
『시경(詩經)』에서 '사무사(思無邪)'의 경지를 말하지만, 시경이 강조하는 대목은 '시즉절(詩卽切)', 풀어 말해 시인의 절실한 마음이다. 이 작품에는 생각됨의 삿됨도 없지만 한 걸음 더 나아가 시인이 곧 연꽃이고자 하는 절실함이 더 큰 울림을 준다.

2017 2 11 오후 2시 박제천 페이스북에서

自然法

野草には
嵐の痛みがある

痛みの無い生が 何處にあるか
海は波濤の痛みで
巖に白くぶつかり
貝は傷の痛みで
眞珠を育てるのだ

野草には
歳月の悲しみがある
悲しみの無い生が 何處にあるか
花々は 落花の悲しみで種を作り
木は節々の悲しみで
枝を育てるのだ

氣ままに生きる 小さな野草すら
痛みと悲しみの地中に 根を張るように
僕も地上の あらゆる
痛みの樹液を受けて飲みほし
僕だけの實と種に育てる 。

자연법

들풀에게는
비바람의 아픔이 있다

아픔 없는 생이 어디 있으랴
바다는 파도의 아픔으로
바위에 하얗게 부딪치고
조개는 상처의 아픔으로
진주를 키우는 법,

들풀에게는
세월의 슬픔이 있다
슬픔 없는 생이 어디 있으랴
꽃들은 낙화의 슬픔으로 씨앗을 만들고
나무는 마디마디의 슬픔으로
가지를 키우는 법,

제멋대로 살아가는 작은 들풀마저
아픔과 슬픔의 땅 속에 뿌리를 박듯
나도 이 지상의 모든
고통의 수액을 받아 마시고
나만의 열매와 씨앗으로 키운다.

* 박제천/ 장덕천 시인의 〔자연법〕

40대 때에 어느 날 교통사고로 몹시 다쳐 2급 장애인이 되어, 대청호반에서 30여년이 넘도록 시를 쓰고 연꽃을 가꾸는 시인. 혼자서는 움직일 수 없는 몸인데도 장덕천 시인은 삶의 지복을 노래한다. 장덕천 시인은 자연의 시인이라 할 만큼 작품의 대부분을 자연에서 거둔다. 자연에 사는 사람이래야 즐길 수 있는 온갖 꽃과 풀, 자연의 풍광이 보는 이의 눈을 황홀하게 만든다. 그래선가 장덕천 시인의 새 시집 『단풍나무 악보』에서는 산소의 향내가 난다. 시인이 거주하는 대청호반의 샘골은 그 자체가 대자연의 법당이다. 밤새들은 시나브로 게송을 노래하고, 개구리들은 하염없이 『반야심경』을 읽는다. 하늘의 별들은 등불이 되고 달빛은 바랑에 산길을 담아와 환하게 비추어 준다. 눈을 번쩍 뜨면 딴 세계가 펼쳐질 터이니 시인은 여기와 저기의 경계를 지우고, 동서남북 상하좌우가 없고 가이없는 우주의 실체, 시방공(十方空)을 샘골 봄밤의 법당으로 받아들이는 시인의 삶이다. 2015. 12. 30 12:15

白蓮

自分を見極める目を覚ますために
そうも長時間　蕾で留まったのですか

世を見る目のために
そうも直立の姿で立っていますか

隣を見る目のために
そうもにつこりと笑っていますか

生の重さが世間より手に余りますか
そうも短く生きて　水になるとは

백련

마음을 꽃으로 디자인하자
자유는 고독을 사랑한다.
흙탕물에서 자란 꿈
소유나 명예나 권력의 욕망이 물이다
여치소리 매미소리 묘음에 하루가 젖고
장맛비에 햇살이 연인처럼 감사하다
별빛 명상에 시상이 떠오르고
누가 알아주든 말든 시향을 품고 산다.
조개의 상처가 진주가 되듯
세상에 부딪히는 마음의 상처를
꽃과 향기로 디자인하자

* 「백련」은 견자로서의 시적 화자만이 아니라 백련 자체를 견자로 하여 두 퍼소나가 시를 전개해 가는 작품이다. 단순하면서도 백련을 통해 시적 화자의 삶의 역정을 잘 드러내고 있다. 서정시가 가벼워 보이면서도 무게를 지니는 묘미는 바로 이런 것이리라.

심사위원을 대표한 강우식 시인의 심사평은 수상자들의 〈서정시의 매력과 스케일〉을 선정의 준거로 삼았다고 밝혔다. 심사위원: 고창수, 강우식(글), 박제천, 김여정

싸구려와 친구하다

장덕천 시인의 희수. 장덕천 시인이 희수를 맞아 [싸구려와 친구하다]를 펴냈다. 병고에 시달리는 시인에게 더없는 경사다. 제7 시집이다. 장덕천 시인은 오래도록 연을 키웠다. 희수기념시집을 받아들고, 시인의 [연꽃마을 연꽃 시]를 되살려보았다. 장덕천 시인은 자연의 시인이라 할 만큼 작품의 대부분을 자연에서 거두고 있다. 이번 시집에도 역시 자연의 시를 한상 가득 차려놓았다. 자연에 사는 사람이래야 즐길 수 있는 온갖 꽃과 풀, 자연의 풍광이 보는 이의 눈을 황홀하게 만든다. 그 중에서도 연꽃이 이번 시집의 주역을 맡았다. 지난 시집에도 연이 등장했지만 이번에는 보리 수련, 버지라스 수련, 빅토리아 수련, 알비타 수련, 가시 수련 등이 대거 등장한다. 연꽃마을 연꽃가족들이 그만큼 늘어난 때문이리라. 연꽃을 보며 시를 썼다. 연꽃 시를 쓰면서 연과 정이 들고 가까워졌다 언제부턴가 내 마음에 정화된 연 물이 들고 연 싹이 자라고 하얗고 노랗고 붉은 꽃이 피어났다 이제야 알 것 같다 사람들이 나를 좋아 찾는 것이 아니라 내 마음의 연을 보러 온다는 것을. —장덕천, 「연꽃마을 연꽃 시」 전문 이 작품은 시인과 연꽃의 관계를 한눈에 보여준다. 연꽃을 보며 시를 쓰던 시인이 연꽃과 정이 들자, 마음 속에서도 연꽃이 피어난다는 자연과의 교감이다. 짧은 작품이면서도 기승전결을 다 갖추었고, 이미지 역시 또렷하다. "연 물이 들고/ 연 싹이 자라고/ 하얗고 노랗고 붉은 꽃이 피어나"는 과정을 마치 슬로비디오처럼 한눈에 다 보여준다. 군더더기 하나 없이 담백하지만 시인의 마음이 연꽃으로 바뀌듯 읽는이의 마음에도 연 물이 들고 연 싹이 자라고 꽃이 피어나게 만드는 직절함이 묘미라 할 수 있다. 흔히들 『시경(詩經)』에서 '사무사(思無邪)'의 경지를 말하지만, 시경이 강조하는 대목은 '시즉절(詩卽切)', 풀어 말해 시인의 절실한 마음이다. 이 작품에는 생각됨의 삿됨도 없지만 한 걸음 더 나아가 시인이 곧 연꽃이고자 하는 절실함이 더 큰 울림을 준다. 시인은 사실 근육병이라는 희귀병을 앓고 있기에 요양 차 이곳에 터를 잡았고, 무료함과 적막함, 고독감과 같은 병자의 일상에서 벗어나고자 연꽃 키우기에 마음을 의지했던 것이다. 그 연꽃들이 하나둘 늘어나고 입에서 입으로 전해지면서 사람들이 연꽃을 찾아오지만 시인은 여전히 홀로일 수밖에 없다. 삶의 경계 밖에서 시인을 돌아보자면 더 큰 절망감에 휩싸일 수도 있는 처지이지만 시인은 의연하게도 그 버려지고 잊혀짐을 연꽃으로 되살려내는 삶의 여유, 시의 미학으로 형상화한다. 필자가 시인의 이 작품을 시즉절에 빗대어 말하는 까닭이다.

2014년 8월 28일 인터넷 페이스북에 박제천

■ 작품해설

수불석권(手不釋卷)의 시학

– 삶의 예지는 詩를 향하여

이 규 식

(한남대 프랑스어문학전공 교수, 문학평론가)

시와 자연

도회의 삭막한 일상에서 팍팍한 삶을 살고 있는 현대인들에게는 자연을 찾으려는 욕구가 상존한다. 주말과 휴가철, 틈만 나면 도시를 떠나 비록 짧은 시간이지만 자연 속에서 이른바 힐링을 추구하려는 행렬이 줄을 잇는다. 이럴 때 도심의 흔적을 모두 버리고 온전히 자연 속으로 들어가면 좋으련만 몸이 이동한 위치는 자연속이지만 여전히 문명의 이기를 지니고 찾아간다. 자동차, 휴대전화는 물론 노트북 컴퓨터까지 챙겨들고 간다면 업무와 일상의 연장에 다름 아니다. 자연은 그런 차림으로 찾아오는 사람들에게 대체로 입을 다문다. 맑은 바람과 청정한 물소리 그리고 숲속에서 들려오는 두런거림이야 비슷하겠지만 자연은 자신의 속내이야기며 은밀한 보물을 꺼내놓지 않을지 모른다. 그냥 일정시간 다녀가는 나그네에게 덤덤하게 자신의 일부만을 음미하도록 자못 인색한 마음씀씀이를 보일 따름이다.

19세기 이후 자연은 문학과 예술의 중요한 모티브로 등장했다. 문학이나 예술의 테마는 본질적으로 대체로 상투어이거나 상투성이 농후한 제재들이지만 자연은 늘 그 으뜸을 차지한다. 18세기까지 자연은 인간사회의 배경이나 휴식공간 또는 단순한 객체와 대상에 지나지 않았지만 낭만주의 이후 크게 변모한다. 사람과 소통하는 가운데 인간의 감성과 교류하며 동반자, 공모자 그리고 추억과 감정을 함께 나누어 가지는 내밀한 위치에 까지 오를 수 있었다. 이런 자연의 위상변화를 계기로 현대시의 비약적인 발전과 다양화가 가능하였고 시의 위력은 증강되었다. 오늘에 있어서도 다양한 변주와 수사학, 기법의 세련에도 불구하고 자연은 시창작의 든든한 바탕을 이루며 시인의 기질과 역량, 시대 취향에 따라 거듭 쇄신되며 노래 불려진다. 다만 아직 19세기 스타일의 초보적인 감성노출과 영탄, 공감의 폭이 협소한 상투적 문구를 시라는 이름으로 발표하는 내공이 깊지 못한 시인들로 인하여 시가 처한 어려움이 가중되기도 한다. 그럼에도 불구하고 자연과 자연에 관련된 영역은 시와 불가분의 관계를 맺으며 여전히 심화되고 있다.

이렇듯 장황하게 시와 자연의 함수관계를 언급하는 것은 장덕천 시인이 80세, 산수(傘壽)를 맞아 펴내는 이번 시집에서는 자연과 시가 맺을 수 있는 바람직한 이상과 적절한 거리 그리고 그 결과 창작된 결정체로서 자연을 노래한 작품이 드러내는 경륜과 공감대에 주목하기 때문이다. 누구나 다룰 수 있는 제재이면서 아무나 일정수준에 오르기 어려운 자연이라는 대상이 그간 장덕천 시인이 거쳐 온 30여 년 시력의 내공에 힘입어 깊이있고 다양하게 개진되고 있다.

인간승리, 의지단련과 감성탁마

아시는 바와 같이 장덕천 시인은 왕성한 기업활동을 펼치던 중 불의의 사고로 장애를 입어 그 후 30년 자유로운 거동이 어려운 상황에서 시 창작에 정진, 여러 권의 시집과 산문집을 펴낸 분이다. 불편한 신체, 여생이 얼마 남지 않았다고 비관할 수 있음에도 불굴의 의지로 나약해질 수 있는 심신을 가다듬으며 삶과 문학에 대한 의지를 날로 새롭게 다져온 결과 자신만의 독특한 색채와 목소리를 확보하고 이제 팔순을 맞아 새로운 시집을 펴낸다.

무엇보다도 가족과 조력인, 주위 사람들의 헌신적인 도움과 성원으로 꿋꿋하게 삶과 시 창작에 대한 의욕을 불태울 수 있었을 것이다. 풍광이 뛰어나고 공기 맑은 대전시 동구 주산동에 기거하면서 얻은 정결한 감성과 투명한 의식에서 비롯되는 시심이야말로 오늘의 장덕천 시인을 있게 한 자양분임은 발할 나위 없다.

자연과 배우며 즐기며 쓰는
글이 마음이 되고 인생이 되는
수불석권의 일상이 시가 되었다.

글쓰기는 영혼의 둥지에
부화되는 생의 날갯짓이었다.

—「수불석권(手不釋卷)」 부분

이 시집에 실린 시편 전체를 아우르는 선언적 언사가 드러난다. 손에서 책을 놓지 않는다는 '수불석권'의 경지는 책을 사랑하는 모든 이들의 이상을 압축하는 표현인데 바로 이 경지가 장덕천 시인이 그간 실천해온 명상과 창작에 있어 고요하지만 치열한 내면의 도정을 요약한다. 공부하는 시인, 책을 읽는 시인 그 시인이 발표하는 시 작품의 행간에서 읽히는 메시지는 그리하여 쉬운듯 하면서도 깊이있는 여러 화두를 함축한다.

나의 멘토는 책이었다.
…
읽는 즐거움보다 습관이었다.
…
삶의 길에는 멘토가 필요했다.

책을 왜 읽나?
성경을 경전을 철학을 고전을
내 삶으로 받아들일 때
…

얽매는 자유가 습관적이다.

—「불립문자(不立文字)」 부분

책에서 얻는 지식을 넘어 '불립문자'의 경지에 다다르면 문자로는 세울 수 없는 상황에 이른다고 한다. 진리는 말과 글로는 전할 수 없고 마음에서 마음으로 전하여 진리를 깨닫는 법을 추구하듯 시인의 책읽기는 실로 거칠 것이 없었다. 신체의 자유가 제한당하여 거동이 어려운 상태에서 장르를 넘어서는 광범위한 독서를 통하여 시인은 무장무애한 정신의 자유를 터득할 법도 한데 마지막 구절에서 "얽매는 자유가 습관적이다."라고 토로한다. 모순인 듯 싶지만 진정한 자유로움은 얽매임으로부터 형성된다는 추론에 수긍이 간다. 육체적 움직임에 제한을 받는 시인의 영혼은 더욱 자유로울 수 있지만 그 자유는 일정부분 '얽매는 자유'의 원형질을 보유한다. 그럴 때 시인이 상정하는 자유는 더 깊숙하게, 보다 본질적으로 구현될 수 있기 때문인지도 모른다. 신체적인 제한과 영혼과 감성의 자유분방함, 그 30년 세월에서 시인이 체득한 시적 감수성의 탁마를 우리는 짐작할 수 있을 것이다.

'장애'와 '위선'- 대승적 합일을 향하여

대청호를 바라보는 시인의 거처를 여러 번 방문하였다. 도심지를 벗어나 확연히 바뀌는 공기를 느끼며 도착한 양지바른 주택은 늘 단정하다. 먼지 한 점 찾을 수 없이 정결하고 정돈된 집에서 시인의 일상은 이루어진다. 조력인의 도움으로 이런저런 일과를 진행하는 가운데 시인은 많은 시간 서재에서 책을 읽고 관조와 벗하고 있다.

식은땀에 젖은 새벽꿈이 눈을 비빈다
무명의 세상에
창밖 달빛도 생이 흐리다

…

구름을 날개 삼아
바람을 지팡이 삼아
천지를 걷는 꿈을 꿨다.

되돌릴 수 없는
허상의 날개가 뒤척인다.
가끔 하룻밤 꿈속 붕새가 된다.

—「내게만 일어나는 일」 부분

구체적인 일상을 점묘(點描)로 보여준다. 제목은 내게만 일어나는 일이지만 이런 경험은 누구에게나 흔하디 흔하다. 대개 부질없는 꿈으로 금세 잊고 말지만 시인은 이런 꿈속 상황을 시 창작의 단초로 삼아 감성을 펼쳐 나가는 것이다. '하룻밤 꿈속 붕새'는 이 경우 무한한 상상의 기제가 된다. 중국에서 온 과장된 이미지의 산물이겠지만 날개의 길이가 삼천리여서 하룻밤에 구만리를 날아간다는 붕새가 된 시인의 꿈이 형용하는 다양함과 진폭을 상상해 본다. 그 과정에서 목격하는 여러 신기한 문물과 풍광, 상상을 자극하는 이런저런 대상물은 시인에게 소중한 시적 제재로 활용될 터이고 붕새가 되어 스스로를 성찰하며 피력하는 자아토로는 속세에서 보다 훨씬 진솔해진다. 연(鳶)이 역풍에서 솟아오른다는 상황을 인용하며 '장애'와 '위선'이 내게 한 몸으로 살면서 이루어내는 길항과 대립, 나아가 공존의 상황을 피력한다. 시인의 예민한 심성은 이 경우 '위선'이라는 개념의 범위를 매우 넓게 외연시키는듯 한데 이때 '위선'은 결국 인간의 본질적인 숙명인 '2중인간'의 비극이며 고뇌와도 맞닿아 있을 것이다. 인간에게 내재하는 신성과 악마성의 대립, 인간과 세상의 고통과 비극은 이 2중성이 초래하는 초미한 대결에서 비롯된다는 주장을 펼친 상징주의 원조 샤를 보들레르의 시학이 떠오른다. '연은 역풍에서 솟아오른다'에서 대립개념을 제시하는 장애와 위선은 결국 인간의 본질적인 이중성향의 다른 표현으로 간주할 수 있기 때문이다. 시인은 자신의 신체적 불편함을 장애로 지칭했지만 인간은 결국 누구나 '장애' 또는 잠재적 '장애'가 아닌가. 겉으로 멀끔하고 완벽한 내, 외면을 갖춘 듯 하지만 한 꺼풀 안쪽을 들여다보면 누구나 이런저런 오류와 모순, 치명적인 결점이 드러나고 그것을 포장하는 기술에 따른 겉치장으로 살아가는 것은 아닐까. 요컨대 인간은 원천적으로 유형무형의 '장애'를 지니고 사는 것이다.

나는 장애와 위선과 한 몸으로 산다.
장애는 세상을 면벽참선하며
삶을 가두고 홀대하며
영혼을 닦는 글을 쓰게 한다.

위선은 본질인 역겨운 냄새로
사람의 탈을 쓰고, 의지하는 삶을
숨죽여 우는 본질을 생각게 한다.

세상은 모른다.
장애가 시가 되고 위선이 인생이 된 까닭을.

연은 역풍에서 솟아오른다.

—「연은 역풍에서 솟아오른다」 전부

진솔하고 겸허한 자기고백 속에서 신체장애의 역경을 딛고 수십 년 시업이라는 과제를 절차탁마해오는 시인의 내공이 읽힌다. 일상에서 시인은 시속 15km로 움직이는 스쿠터를 타고 이동하기도 한다. 나날이 빠르고 바삐 움직이는 세상에서 느리게 달리는 스쿠터에서 바라보는 들꽃과 햇살은 각별하다. 스쿠터에서 조망하는 세상을 "…슬픔 외로움에 끝없는 사랑을/ 가꾸며 다듬는/ 하루가 극락이다. ('하루를 즐거운 날로' 부분)"라며 긍정한다. 이중인간의 본질적인 고통을 누구나 안고 살지만 이렇듯 작은 들꽃 하나에서 찾아보는 삶의 축복과 기쁨은 큰 위안이 된다. 그러나 그 사랑은 적절한 '거리두기'에서 가능한 것임을 잊지 않는다. "… 너는 너대로 나는 나대로/ 가야 할 길로 가지를 뻗으며/ 웃자라는 탐욕만 잘라준다/ 자기를 아는 나이가 되면/ 서로가 주착(做錯) 거리지 않는/ 사랑은 거리를 둔다. ('사랑은 거리를 둔다' 부분)"는 대목처럼 이즈음 시인이 다다른 삶의 지혜는 명쾌하고 소박하면서 긍정적이다. 이중인간이라는 인간본연의 숙명이 주는 굴레도 이런 소략한 삶의 철학으로 일정부분 잠잠한 평정을 얻는지도 모른다. 모두들 부정적으로 예견했던 시인의 여생, 그러나 시인은 지금도 멀리 날아가고 있다. 육신의 제약을 넘어 정신과 감성, 시적 소통의 경지를 향한 도약은 그러나 거저 이루어진 것이 아니었다.

아름다운 늙음, 노년의 지혜

산수(傘壽)의 삶도
생각을 바꾸면 아름다움이 된다.
개구리 뭇질로 살아오며 무심했던
꽃과 나무, 풀벌레의 한 들어주는
새로운 감성의 삶이 있다.
사색과 곱게 늙는 세상을 배우는
컴퓨터와 독서의 삶도 있다.
배우며 쓰는 글의 삶도 있다.

새도 날갯짓을 해야 뜬다.

―「새도 날갯짓을 해야 뜬다」 전부

평이한 보이는 작품으로 보이나 이 시집에서 시인이 노래하려는 메시지의 핵심이 드러난다. 당위론적인 세상이치겠지만 지금 날갯짓조차 없이 날아보려는, 크게 도약하려는 인간군상들이 그 얼마나 많은가. 그런 무리들의 욕심과 무리수로 인하여 세상의 평화와 조화는 깨어지고 인간관계에 균열이 생기고 혼탁과 비극으로 이끌리는 모습을 지금 우리는 보고 있다. 이런 세태에 경종을 울리는 듯, 동시에 진정하게 늙어가는 지혜와 아름다움에 대하여 비중 있는 생각을 펼친다. 여러 편의 작품에서 잠언(箴言)풍의 시구가 눈에 띄는 것도 이번 시집에서 볼 수 있는 특징의 하나가 될 만하다. 그 잠언들은 평범해 보이지만 경직되지 않고 시행 속에 자연스럽게 녹아 들어간다.

'百感 不如一覺' 이라는 한자어 제목의 작품에서는 새로운 시대에 부합되는 노인상과 늙음의 이미지가 '지혜'라는 개념으로 재편되고 있다. 전통적으로 노인은 육체적 힘은 쇠약해져도 오랜 삶의 경험을 통하여 분별력이 생기고 성격도 느긋해져 감정이나 생각이 원만해지면서 특유의 예지가 형성된 계층으로 간주되었다. 신중하면서도 지혜롭고 삶의 경륜이 스며든 올바른 판단력으로 어지러운 사회의 중심을 잡고 갈 길을 인도해온 '원로' 개념도 같은 맥락에서 공감대를 이루어 왔다.

그런데 이즈음 그러한 긍정적, 선순환 구조의 '구(舊)노인'들이 사라지고 있다는 주장이다. 이즈음 등장한 '신(新)노인'들은 정신적으로 안정되고 지혜롭지만 육체적으로는 유약하고 노쇠했던 과거의 노인들이 아니라는 것이다. 생활수준이 향상되어 영양공급이 충실해지고 의료체계 확대로 평균수명이 연장되면서 나이가 들면서 잠들 뻔했던 감각과 본능을 일깨우는 물신, 소비사회의 유혹도 한몫 거들면서 지난날 그 나이로는 도저히 상상할 수 없는 '젊은 노인'의 새로운 행태가 급격히 형성되는 것이다.

'잘 늙는 법'이 사회의 화두로 떠오르면서 육체건강과 경제적 안정이 중·장년층의 관심사가 되고 있음에도 중요한 것은 누구에게나 닥쳐올 노화로 인한 정신적 상실감, 소외감을 극복할 사회적 관심과 안전망 구축이다. 이것이 여의치 않을 경우 '신노인'들이 야기할 사회문제는 자못 심각할 것이다. 평균수명이 늘어남에 따라 슬기롭게 여생을 보낼 시간감각과 대응법을 익히도록 해야하고 개인화된 주거, 활동공간에서 노인들의 자리와 입지를 각별히 배려해야 한다. 우리 모두 조만간 노인이 된다는 의식으로 의사소통 경로를 지속적으로 확충한다면 신노인들의 위험한 폭주는 멈춰지거나 줄어들지 않을까.

이런 사회환경 속에서 장덕천 시인은 이 시대에 필요하고 기대하는 늙음의 본질, 노인의 이상에 대하여 몇 편의 작품으로 화답한다.

사랑하는 사람보다
필요한 사람이 좋다

나를 칭찬해주는 사람보다
마음 편안한 사람이 좋다

소중한 사람보다
대화의 상대가 되는 사람이 좋다

편협한 지식인보다
지덕예의 교양인이 좋나.

실상 없는 시비는 헛 것
백감이 불여일각 이다.

—「百感 不如一覺」 전부

보기에 따라서는 자신만을 챙기는 이기주의적인 관점으로 읽혀질 수도 있겠지만 시인이 이야기하는 취지는 물 흐르듯 편안하고 아름다운 인간의 삶에 닿아있다. 그러므로 노년세대가 스스로의 자존도 지키며 사회에서 대접받을 수 있으려면 살아온 삶에서 우러나는 지혜의 샘을 마르지 않게 관리하는 노력이 필요함을 암시한다. 거기에는 욕망의 절제, 더러는 욕망과 세속의 관심으로부터 스스로 멀어지려는 노력도 포함시킨다.

> 아무것도 기대하지 않는다.
> 사랑도 받으려 하지 않는다.
> 세상의 눈초리에서
> 스스로 추방자가 된다.
> 아침 이슬 같은 생보다
> 더 좋은 것을 바라지 않는다.
>
> 사랑도 슬픔도
> 인연으로 잠시 맺은 무상(無常)이다.
>
> —「백련 무상」 전부

시인은 팔순이 되어 이제 삶과 세상을 조금 안다고, 무엇이 옳고 그른지 알 듯 하다고 조심스럽게 고백한다. 이즈음 세상에 시끄러운 소음을 던지는 폭주노인, 젊은 노인들의 과잉 역동성에 비추어 소극적으로 보일 수 있으나 "…이파리 하나도 해로 보면 초록빛/ 달로 보면 은빛이다. ('창산별곡 2' 부분)"라는 빼어난 구절의 시선으로 비춰본다면 대단히 깊고 넓으면서도 정돈된 철학이

것들어 있다. 잠언과 경구 형식으로 늙음의 현실과 노년이 지향할 바를 제시하는가 하면 현장 리포트처럼 정밀한 묘사와 진단으로 현실을 직시하면서 카메라가 훑듯 요양원의 적요한 풍경을 비추고 리얼한 시구로 작품을 맺기도 한다('요양원에서').

모두가 두려워하는 미래의 걱정스러운 상황을 굳이 보여주는 이유는 무엇일까. 현실문제 직시는 그것이 우리 모두의 일이므로 정밀한 묘사를 통하여 삶의 현장을 가감없이 드러내는 작업이 반드시 필요하다. 노년과 늙음의 빛과 그림자를 투영하고 거기서 모두의 지혜를 모아 노인문제의 대안을 찾으려는 노력에 시와 문학이 앞장서야 한다고 생각한다. 우리 시도 이제 소재와 영역을 확대하여 노인, 환경과 생태, 첨예하면서 불안한 사이버 문화, 인간소외와 갈등 같은 사회현안에 정공법적으로 대처하면서 공감대를 확산할 임무를 스스로 걸머져야 하지 않겠는가.

이런 관점에서 팔순을 맞은 시인이 펴낸 이번 시집을 사회풍자와 노인문제에 대해 그간 명상하고 성찰한 화두를 조심스럽게 때로는 과감하게 펼쳐놓는 공론의 장으로 활용했으면 하는 생각이다. 우리에게 부여된 현안이 만만치 않게 다가오는 이즈음 언제까지 낭만적 감성토로, 외골로 치닫는 개인적인 체험과 감각의 천착이라는 수십 년 간 굳어진 패러다임에 묻혀 있어야 할까.

가능한 대안으로서 '시늪'

다른 시인들이 생업과 다른 일에 종사하면서 시 창작을 병행하고 있다면 장덕천 시인은 그동안 오로지 시업에 몰두하여 오늘의 정진을 이루었다. 여러 권의 시집과 숱한 문학상이 그 결실로 빛난다. 그러한 각고의 노력이 이 시집에서 시인이 구사하는 다채로운 어조와 문체, 수사법으로 구체화되고 있다. 특히 적절한 열거와 리듬감각 ('입동'), 풍자와 해학을 버무려 독특한 경구의 메시지를 담기도 하고 ('사가지 공(空)놀이 세상'), 10여행으로 사랑의 본질을 에피소드에 실어 설파하기도 하고 ('안방난초'), 더러는 직접적인 충고와 조언도 마다하지 않는다('풍경은 바람이 불어야 소리가 난다'). 특히 간결한 시행에 실어 토로하는 短章("삶다운 살 곳을 찾아보겠다고/ 寂念으로 길 떠나는 늦가을 부처님" '낙엽 아미타불' 전부) 몇 편은 선시(禪詩) 시인으로서의 역량을 드러낸다. 앞으로 이 방면에 정진하여 시업에 보다 성숙한 방점을 찍으시기를 권면한다.

다양한 목소리와 거기에 실린 성숙한 음조는 직접적인 메시지 노정이나 목청 높여 전하는 주장이 없어도 행간에서, 더러는 스치는 듯 배치된 어휘 하나에서도 감지된다. 까치가 때가 되면 둥지를 만들어 암수 다정하게 새끼를 기르며 자연의 섭리를 따라 일할 때와 사랑할 때 그리고 떠날 때를 구분하는 모양새를 보고 시인은 부끄러워진다. 아직 비우지 못한 애증과 집착을 까치가 알아차린 모양이다. 시인은 그래서 '깨닫는 시늉'을 하기로 하였다 ('시늉'). 까치의 분별 있는 움직임과 판단, 특히 '때'를 정확히 알아채고 행동으로 옮기는 슬기로움에서 시인이 작정한 '시늉'은 이 시집에서 노래한 여러 편의 작품에 배어있는 팔순 시인의 예지를 집약하는 상징적 언사로 이해된다.

…
까치들이 요즘 깍 깍 깍 센소리로
정원나무 위에서나 지붕 위를 돌며
수시로 나를 조롱한다.
이 꼴에 아직도 비우지 못한
애집(愛執)을 보는가보다.
깨닫는 시늉이라도 해야겠다.

—「시늉」 부분

까치가 집 주위를 배회하며 깍깍 거리는 상황을 자신을 비웃는 모양새로 예민하게 느끼며 이내 깨닫는 시늉이라도 하겠노라는 시인의 반응은 절묘하다. 까치의 배회는 자연과 하늘이 인간에게 던지는 경고로 간주할 수 있고 그런 움직임을 간파하는 인간이 그리 많지 않다는데 문제의 심각성이 있지 않을까. 그런 가운데 이런 기미를 알아채고 까치의 조롱을 깨닫는 시늉을 하겠다는 시인의 의식은 이 시집에 수록된 여러 시편에서 보여주는 삶의 경륜과 지혜 그리고 총체적인 메시지를 집약하는 대목으로 보아 무방할 것이다. 깨닫는 시늉을 한다고 했지만 어찌 시늉에 그칠 것인가. 독서와 성찰, 인간탐구 그리고 시를 통한 자기성찰과 연마를 그치지 않은 시인으로서 통절한 각성과 참회 그리고 진솔한 다짐이 거기 포함될 것이다. '수불석권'이 생활화된 시인으로서는 충분히

그러할 것임을 믿는다.

다시 '수불석권'으로, 시란 무엇인가

무너진 반쪽 생을 시가 이끌었다.
사는 것이 웃음이었다가
까닭 없는 눈물이었다가
늙음이 낡음에 가까워 온다.
…
농익어 떨어지는 과일이 더 향기롭고.
상처 입은 향기가 더 달다는데.
약 없는 병이기에 건강걱정도 없었다.
퇴고하듯 놓을 생이 되었다.

—「아리랑(我理朗)」 부분

"무너진 반쪽 생을 시가 이끌었다."라는 첫 행은 우리가 지금까지 살펴본 장덕천 시인의 시세계를 함축하는 선언에 다름 아니다. 우리 나이 80세, 산수를 맞아 시집을 펴내는 일은 진정 축복이다. 고령화 시대라고는 하지만 80세는 적지 않은 연치이다. 그러나 장덕천 시인은 아직 늙지 않았다. 다음 두 행에서 시인이 아직 늙지 않았음을 스스로 확인해 주고 있다.

…
늙었다는 말이란 것을 안다
늙어가는 법을 배울 뿐이다.

—「인생 가을에서」 부분

늙어가는 법을 성실히 배우는 사람에게는 늙음이 멈춰선다. 우리는 장덕천 시인의 삶 후반부에 몰아닥친 비운과 그 어려움을 강인하면서도 부드러운 의지와 열정으로 극복하여 산수기념 시집을 상재하는 인간승리를 함께 축하하고 있다. 이제 다시금 '시란 무엇인가?' 라는 원론적인 물음 앞에 선다. 시의 역사를 통하여 헤아릴 수 없을만큼 연역되고 반복된 시의 정의, 시의 기능, 시의 힘 그리고 시의 존재이유를 장덕천 시인 후반부의 삶과 문학으로 일부분 설명하며 증거할 수 있을 것이다. "… 시의 세계에 바치는 일 / 새로운 운명의 탄생이다./ 햇빛도 초점을 모으면 불꽃이 핀다. ('햇빛도 초점을 모으면 불꽃이 핀다' 부분)"라는 석 줄 시행을 여기에 덧붙여 본다.

〈 맺는말 〉

동네에서 부잣집 자식이라고 하지만 6남매 중 5번째인 나는 6.25 전쟁 폐허에서 부모님 모시며 주경야독으로 사각모자를 썼다. 불혹의 나이에 교통사고로 슬픈 육신이 삶을 파괴해도 생활 정신은 젊은 건강이다.

군대 3년 제대 후 20대 직장생활하다 30대에 오디오대리점 경영을 하면서는 전국최우수 경영자상(동원전자), 최우수 모범대리점상(인켈), 모범납세자상(대전지방국세청장), 사회봉사상(309 라이온스총재), 모범시민상(대전시장)을 받았다. 상인으로 90년 1월호 이코노미스트지에 올해의 인물로 소개되는 등 내 개인을 위한 사업임에도 모범이란 격려가 있었다. 교통사고 후부터 글을 쓰면서도 시집으로 대전시 문화상, 대전문학상, 문학사랑상, 호서문학상, 정훈문학상, 시인들이 뽑는 시인상(문학아카데미) 등 나 개인의 인생을 즐기기 위해 쓰는 글을 여러 곳에서 축하를 많이 해주신다. 늘 주위 덕에 고맙고 감사하다.

생의 황금기인 지천명의 나이에 사업을 사원들에게 나누어주고 20여 년이 지난 후에도 지난날의 감사함을 기록한, 사원들한테 받은 감사패와 고려대학교에서 우수 교수에게 수여하는 아들이 받은 석탑강의 상패는 감동의 상패다. 살면서 조금이라도 사회에 봉사하자는 뜻으로 대전미술관, 청소년을 위한 클래식 음악 감상실 오디오월드, 그리고 전신마비가 오면서 동구 주산동에 대전시민의 정서

함양을 위한 글사랑 놋다리집 등은 소박한 꿈 이룬 생에 보람과 감사다.

내 삶은 늘 바쁜데서 여유롭고(70년대 세계일주), 슬픈데서 즐겁고(시), 새롭고 배우는 희망이었다. 회갑기념 수필집 『바람은 흔들림으로 존재한다』는 장경준 장경애 장경민 아들딸이 출판해주고, 장일성 아우가 문학아카데미 시인님들, 윤재천 수필가님, 대전의 시인님들 등 푸짐한 회갑기념 경비일체를 부담했다.

산수기념 시집 『사람이 詩다』는 손자 장우혁이 교정을, 아들 장경준이 출판해준다. 대학생 손자 우혁, 중학생 손녀 정윤이가 나보다 더 실력자다.(희수기념시집에 시 수록) 나는 시를 쓰면서 시를 어떻게 쓸 것인가 보다 어떻게 볼 것인가를 먼저 생각하는 습관이 들었다. 시 쓰기에 천부적인 소질도 없다 시 쓰기는 내 몸이 할 수 있는 최상의 일이다.

시를 쓰다보면 언어로 표현할 수 없는 느낌도 있다. 시 쓰기가 참 어렵다. 어렵기에 더 배우려고 많이 읽고 쓰는, 인생 후반 삼십 년 세월이 참 즐거웠다. 운명처럼 만난 박제천 시인님과 신태수 수필가님, 그리고 많은 문인님들 덕분이다. 아름답게 물든 단풍은 가을이 참 곱다. 인생도 그렇다. 마지막 시집을 잘 만들어주시는 문학사랑 리헌석 회장님께 깊은 감사를 드린다.

2018년 글사랑 놋다리집에서